내가 가는 길

최양희 제3시집

내가 가는 길

최양희 제3시집

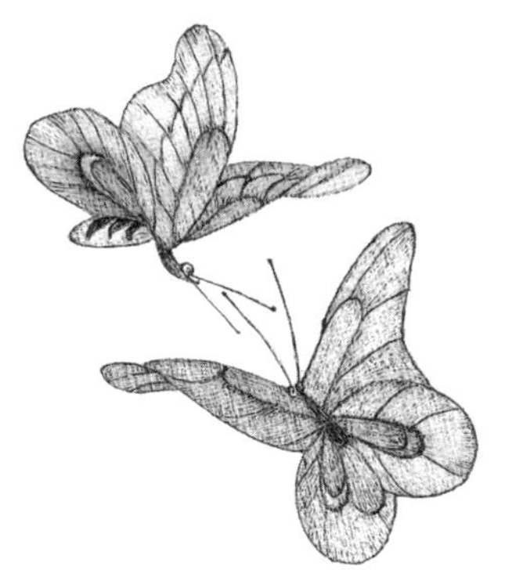

을지출판공사

❙ 시집을 내면서 ❙

너무 오래된 가뭄 끝에서
촉촉한 단비가 이 몸 적시니

숙명처럼 찾아온 이 기회에
이번에는 단단히 결심하면서

묶여 있던 나의 상념들과
지금까지 몸으로 흐르는 수분

수년 동안 함께한 마지막 사랑
심혈 기울여 여기에 묶어 냅니다.

2023년 1월에

최 양 희

숙명처럼

눈을 떠도 눈을 감아도
오롯이 한 생각

거스를 수도 없고
비켜 갈 수도 없는 숙명처럼

문학만이 삶의 이유
오직 한뜻으로 살아온 한평생

삶의 모든 희로애락도
문학으로 풀어내신

님의 제3시집 출간을
진심으로 축하드립니다.

시인 홍 성 수
(사)한내문학 이사·작가회장

차례

Contents

Contents

Contents

제3부 영원한 사랑

Contents

Contents

Contents

제 1 부

무상한 세월

이리저리 나뭇잎 떨구며
추위를 몰고 온 찬바람은
쓸쓸한 나뭇가지를 흔들면서
무상한 세월을 보여 줍니다

그대를 보면

사회가 바쁘고 혼잡해도
나의 가슴에 자리 잡고

자신을 창조해 가는 그대
사회에서 인정받고 있는

꾸준히 투철하게 노력하는
그대를 보면 나는 뿌듯하네

멈추지 않았던 의지

지금까지 살면서
변함없는 내 의지
문학을 고집했던 마음

세월이 흘러갔어도
멈추지 않았던 의지로
이제야 제3시집을 냅니다

내 안의 시심

회오리바람이 불어
또 다른 고난 몰려와도

내 안의 시심들을
그냥 묵혀 두지 않고

소중하게 간직했던
내 알곡들을 펼쳐 냅니다

우리 집 뒷산

눈 뜨고 항시 뒤창문 열면
산 밑에 곱게 피어난 민들레

어쩌다 벌 나비가 날아들어
뒷산에는 언제나 새들의 노래

이 모두 자연의 신선한 모습
우리 집 뒷산을 바라보는 나

당신에게 가는 길

당신에게 가는 길
산보다 높고 멀어도
나는 여전히 걸어갑니다

당신께 가는 마음은
가깝고도 먼 그 세계
끝없는 미로의 천국입니다

그러나 내가 만약
길을 가다 넘어진다 해도
나는 다시 또 일어설 것입니다

무상한 세월

추위에 떨던 나비가
연약한 날갯짓으로
들꽃 사랑에 눈뜨면서
따뜻한 봄날이 활짝 피더니

숲 속의 주인인 양
맘껏 노래하던 매미가
언제 어디로 떠났는지
푸른 나무도 어느덧 단풍 들어

이리저리 나뭇잎 떨구며
추위를 몰고 온 찬바람은
쓸쓸한 나뭇가지를 흔들면서
무상한 세월을 보여 줍니다

꽃길

예쁘고도 귀여운
꽃을 피우게 하소서

지나가는 길마다
꽃향기 풍기게 하소서

꽃길에 행복 느끼며
영원히 함께 가게 하소서

새로운 영혼

나의 모습 그대로
산 위에 꽃구름 되어
그리운 가슴에 안기고 싶어

나의 마음 그대로
따뜻한 새 봄바람 되어
아름다운 세상 품고 싶어

나의 영혼 이대로
꿈 많던 시절로 돌아가
새로운 영혼 꿈꾸고 싶어

정말 신기하다

정말 신기하다
내가 안개에 갇혀 있는 것이

정말 알 수 없다
내가 앞을 볼 수 없는 것이

정말 야릇하다
내가 지금 혼자 있는 것이

그런데 더 이상한 건
내가 왜 여기에 있는 걸까?

단풍잎

얼마 전까지도 싱싱한 잎들
이젠 가을 날씨에 움츠리다가
물들기 시작하던 단풍잎들이

이젠 스스로 떨어지며
여기저기 거리마다 흩날리는데
여정의 낙엽처럼 어디로 뒹굴까?

사랑의 문

당신으로 향하는 문이
열리기 시작할 때부터
나는 자유 모두를 잃었습니다

당신으로 향하는 문 앞에
성벽을 치고 축대를 쌓아도
그 폭은 더욱더 높아졌습니다

그러나 만약 당신으로 향하는
그 문이 아주 닫혀 버린다면
그땐 이 몸도 쓰러질 것입니다

당신 모습

담배 한 모금 뿜어내며
창문 열고 주변을 보니
구름 한 점 없는 하늘에
당신 모습이 덮쳐 오는데

산가에는 새들이 지저귀고
주변에는 꽃들이 살랑살랑
이곳저곳 사방을 둘러보나
눈앞에 보이는 건 당신 모습

옛부터 지금까지 나에겐
앞에서 보나 옆으로 보나
유능하게 뛰어나고 예쁘지만
언제나 아른거리는 당신 모습

– 2020년 10월 6일 아침에

어디로 가야 할까?

드넓은 강과 산을 넘나들며
고비고비 지나온 자국마다
피가 맺힌 소년의 한 덩어리

꿈꾸던 길 찾아 헤매면서
나는 청년에 접어들 때까지
나의 정열 다 쏟아 부었는데

그런데 가던 길이 엉키면서
청청한 젊음에 안개 덮치니
이젠 내가 어디로 가야 할까?

머물고 싶어라

하루 이틀 아닌
숱한 교감으로

자연스레 만나는
우아한 그대 모습

느낌 하나하나가
정든 미소가 어여뻐

영원히 만난 듯
당신께 머물고 싶어라

옛 추억

외로웠던 누나는
집 떠나 멀리 시집가고

으슥한 산장에는
괴괴한 기운 감도는데

늙어 버린 감나무는
북풍에 슬피 울다 말다

주인 잃은 바위샘은
아까운 약수가 흐르면서

누나와의 추억을
조용히 속삭이고 있네

한 번만

한 번만 귀를 빌려 주시오
비밀 얘기 속삭일 수 있도록

한 번만 팔을 벌려 주시오
그대 가슴에 안길 수 있도록

한 번만 눈감아 주시오
그대에게 입 맞출 수 있도록

그리고 눈을 떠 보시오
내 눈이 무엇을 말하는가를

둥지

새가 언제 떠났는지
알 수는 없어도
둥지의 슬픔을 알 것 같아

사랑을 키워 가며
정성껏 지워 놓고
한때를 살다가 왜 떠났을지

그 사연 알 수 없지만
주인 잃은 둥지는
또 다른 사랑 마련할는지

낙엽

시도 때도 없이
이곳저곳에
자신을 털어 내는
자신들의 의연함

찬 바람 불어도
인내하는 몸짓
세월 탓하지 않고
숙명처럼 뒹구는 낙엽들

우리는 정말

꽃이 피고
낙엽이 져도
늘 다른 장소에서

만나면 기쁘고
헤어지면 쓸쓸한
각자의 길 걸으며

우리는 정말
아무 일도 없던 것처럼
그렇게 서로 사랑하였지!

해당화

좋은 세상 우러러
바다로 길 떠난 우리 님

들릴 듯 말 듯
파도에 들려온 목소리

저녁노을에 번져 오는
다정한 그 모습들

머지않아 만날 것 같은
외롭지 않은 해안가에
밤이슬 맞으며 피웠노라

수련

밤바람 부는
연못가에

그리움과 함께
홀로 핀 꽃송이

연잎으로 피는
우아한 자태

밤이슬 맞으며
달님을 기다리나

제 2 부

겨울나무

이상 기온으로
온몸이 얼었지만

그래도 심지가 있어
청청하게 서 있다네

금낭화

돌계단 넘어
잔잔한 공간에
밝은 미소 머금고

은은한 자태
감출 수 없는 순정
신비롭게 핀 금낭화

울컥 솟아난
설렘으로 안기며
사랑의 혼불을 지핀다

갯선화

내일을 위한
사랑의 모래성
파도에 밀려갔지만

아린 추억으로
초승달 의지 삼아
바다와 동침하면서

아침이면
이슬에 목욕한 몸
해풍에 말린 모습으로

아득한 날 그리며
그 순결한 향기
님을 위해 피웠나이다

*갯선화: 갯메꽃 별명

봄이 오는 길목

봄이 오는 길목에서
그대는 나를 풀어 주면서

답답하던 집 안에서
마을 밖으로 불렀습니다

그대는 잎으로 피어나
꽃으로 속삭여 줍니다

봄의 아름다운 행진은
이제부터 시작한다고

전설 같은 태양

당신은 이 땅에서
가장 특별한 산이요

당신은 천상에서
가장 빛나는 별이요

당신은 나에게는
가장 전설 같은 태양입니다

당신의 위력

지금까지 살아오면서
높은 산도 올라갔었고

또 깊은 냇물도 건너봤지만
당신 마음보다는 얕았습니다

그리고 질긴 고무줄과
강한 철사 끈도 잘라 봤지만

세상에 가장 믿음직한
당신 사슬보다는 못했습니다

*어머님 꿈꾼 후

화창한 날씨

조용한 날씨가 구름 끼며
바람 불고 다시 조용해진
산과 들판이 화창한 날씨

그러나 이젠 나의 존재는
결국 나 스스로 꺾이면서
무얼 집중하지 못하는 존재

나는 이제

고비고비 지나온 세월에
고난의 강과 산을 넘나들며

바라던 그 길 찾으며 나는
정열 다 쏟아 내는 길인데

우울한 잡념에 안개 덮치니
나는 이제 어디로 가야 할지

시인들의 영혼들

각자의 독특한 재능으로
모두들 자연스러운 나무판에
색다른 예술을 창조한 영혼들

뜻있는 인재들이 한결같이
인생사 사는 세상 이야기를
곱게 담아낸 시인들의 영혼들

정말 어디로

가방 하나 둘러메고
자신 찾아 떠나는데
이제 어디로 가야 하나

위로는 산 너머 산
아래로는 빙하 절벽
정말 어디로 가야 하나

중심 잃은 여정
길이 없는 현실 앞에
정말 어디로 가야 하는지

내가 가는 길

내가 가는 길
태보다 높고 멀어도
나는 조용히 따라갑니다

당신께 가는 길
고요하고 쓸쓸한
드높은 영상의 나라입니다

그러나 내가 만약
가다 말고 넘어진다 해도
다시 일어서서 갈 것입니다

이 땅에서

당신은 이 땅에서
가장 특별한 산이요

당신은 천상에서
가장 빛나는 별이요

당신은 나에게는
가장 전설 같은 태양입니다

옥연암(玉蓮庵) · 1

수없는 세월 흘러가도
어머니 모습만 생생하게

내 심장에 꽂혀 있어
이 가슴속을 후비지만

제 고향 "옥련암"에 가야만
그리운 모습 볼 수 있습니다

*옥연암 : 어머니께서 창건하신 암자(절)

옥련암(玉蓮庵) · 2

소문난 옥련암에
부처님은 계시지만
어머니 홀로 사시는가?

한맘 한뜻으로
찾아온 불자들 모두
먼저 부처님 앞에 공양하고

모두가 한결같이
어머니 영정 앞에
절을 올립니다

우리 어머니 · 1

선달 그믐날 저녁
갑자기 생각나는
우리 어머니

가슴속 깊이깊이
당신께로 향하는
찐한 그리움

그리움에 사무쳐
눈바람에 덮치는
사무친 눈물……

우리 어머니 · 2

낮에는 두 팔에 든 광주리
밤에는 품 안에 손주들 안고

단정하고 품위 있고 엄숙하게
동네마다 중추 역할 하시면서

염주 든 손에 자손들 거느리고
해마다 논 사고 *암자를 창설한

전국에서 유명한 스님이신
위대한 그분이 바로 저의 어머님

*암자 : 옥련암

당신은 아직까지도

당신을 원망하던
철없던 소년 시절
당신 곁을 떠나
방황하던 때가 있었습니다

당신 맘을 이해했던
청년 시절이 됐을 무렵
그때 당신은 이승에서
아버지 무덤가로 가셨습니다

그러나 지금 제 아들이 중년
제 손자가 벌써 초등생인데
어찌하여 당신은 지금까지도
제 곁에 항시 머물러 계십니까

자장가

산바람 솔솔 스며 오는
대청마루에 설치는 잠
눈 떴다 감았다

창밖에 졸던 별들도
눈꺼풀이 무거운 듯
빛이 뜨다 말다

파고드는 잡념이 날다가
추락하는 환상들도
보이다 말다

무거운 밤 속으로
찾아오신 어머님이
자장가 불러 주시네

저의 아버지

영웅호걸 못지 않은 호탕함과
태산도 금방 무너뜨릴 수 있는 기백

험한 산과 거친 들판 넘나들며
당차게 천하를 호령하던 아버지

새벽부터 밤까지 부지런하게
손발이 다 터지도록 쉬지 않고

소농을 대농가로 바꾼 황금 손
그분이 바로 소문난 저의 아버지

할머니 생각

촉촉한 가을비가
대추나무에 내리는데
갑자기 생각나는 할머니

추석 때마다
밤이며 감 대추
정성껏 따 오시던 할머니

지금은 그 숱한 손주들
제각기 모두 흩어져
세상 떠난 손주들도 많은데

오늘 대추 따다 보니
갑자기 우리 할머니 생각

우리 손자

생기 넘치는 오월
지구가 태동하고
하늘이 갈라지며

천지 만물 합일할 때
천상에 문 활짝 열고
울 손자가 태어나니

이것이 바로
우리 조상님들 덕분
우리 최고의 행복입니다

*갑오년 5월 8일(음) 첫 손자(최원우)가 태어나던 날

겨울나무

입춘 지나면서
새싹들이 움트는데

덮쳐 오는 찬바람에
흔들리는 겨울나무

이상 기온으로
온몸이 얼었지만

그래도 심지가 있어
청청하게 서 있다네

제 3 부

영원한 사랑

싱싱한 소나무처럼
아쉽던 일 묻어 두고

지금까지 함께했던
영원한 사랑이 내 영혼

보름달

보름달이 뜨자
어두운 하늘에
그리움 걸어 내니

구름에 님이 있고
그 위로 내가 뜨니
보름달도 무색한 것을

영원한 사랑

비 오는 산 밑에
추위도 지나간 듯

싱싱한 소나무처럼
아쉽던 일 묻어 두고

지금까지 함께했던
영원한 사랑이 내 영혼

담배 연기

가슴에 스며들어
우주로 향할 때는
흔적 없이 사라지지만

제 한 몸 달래고는
또 다른 공간에 흩어지며
나를 진정시키는 담배 연기

현실의 근심 걱정과
또 다른 이상을 그리다가
얼마 후 날 찾아온 담배 연기

눈꽃과 벚꽃

봄과 겨울이
맞대결이라도 하듯

나뭇가지엔
새하얀 눈꽃잔치

나무 위에 눈꽃
눈꽃 밑에 벚꽃

이 자연현상은
어딜 가도 마찬가지

봄날의 요정 · 1

잠 속에 갇혀 있는 나를
그대가 밖으로 불렀습니다

그리고 쓸쓸한 공간에서
봄날의 요정을 보여 줍니다

그대는 촉촉한 새싹에서
이젠 꽃잎으로 피웠습니다

현실 같은 꿈속

잠잠한 꿈속에서
당신이 오셨는데

얼마나 반가운지
와락 끌어안고는

사람들 보는 앞에서
빙빙 돌고 또 돌았는데

우린 서로가 원했던지
서로는 하나가 되었는데

이것은 현실 같은 꿈속
일생에 최고의 행복입니다

눈꽃 사랑

올해는 더욱 많은 눈을
수북수북 내리게 하소서

온 누리 가는 곳마다
하얀 눈꽃 피게 하소서

눈부신 그 눈길 속으로
우리 손잡고 걷게 하소서

서로의 체온 느끼면서
눈꽃 사랑 눈뜨게 하소서

최고의 보물

당신을 바라보며
망설인 지 오랜 세월

좋아한다는 내 말에
더 멀어질까 두려워

가슴속으로 묻어 둔
그댄 내 최고의 보물

봄날의 요정 · 2

모두 기다리던
따스한 봄빛으로
언 땅을 녹여 내니

들판에 새싹들
벌 나비가 꽃을 찾는
봄 햇살이 구석구석

봄날의 요정들
묶여 있던 희망과 사랑
다시금 새로 꽃피우겠지

유능한 시인들

무에서 유를 찾아
잠재되어 있던 시상

옥석과 초점 맞추며
명작을 출품하는 시인들

빛과 소리를 그리면서
좋은 영감을 떠올리며

자신의 재능을 표출한
당신들은 유능한 시인들

하산하는 사람들

혼자서 또는 여러 명이
힘들고도 밝은 표정으로
산으로 올라가는 사람들

모두가 정상 보고 열심히
힘쓰며 올라갔다가 결국은
땀 흘리며 하산하는 사람들

그대 모습만

창문 열고 주변을 보니
구름 한 점 없는 맑은 하늘

산 가에는 새들의 노래
주변에는 꽃들이 살랑살랑

이곳저곳 사방을 보지만
노력하며 유능하고 순수한
그대 모습만 덮쳐 온다네

낙엽

시도 때도 없이
가는 곳마다

자신을 털어 내는
나무들의 의연함

찬 바람 불어도
인내하는 몸짓

추위 탓하지 않고
숙명처럼 뒹구는 낙엽

들국화

작은 길가에
보일 듯 말 듯
고고하게 핀 들국화

그리움에 젖어 있는
순수한 너를 보며
야릇해진 마음으로
사랑의 손길이 뻗치네!

코로나여

코로나여!
오대양 육대주를
넘실댔으니
이 땅에서 홀연히
떠나가거라

코로나여!
정성껏 주안상을
차려 올리니
이제 그만 별나라를
찾아가거라

마을기업 '글과나무'

사명감과 희생정신으로
주변 마을들을 찾아가며

안에서나 밖에서나
꿋꿋한 정신력을 발휘하여

특이한 예술성을 가르치니
만인의 존경받는 글과나무

* 마을기업 '글과나무' 대표가
각 동네마다 우드버닝을 가르치다

감성 있는 나무

청청하던 몸이
생명 잃었지만

꿈을 간직했던
나무였기에

님을 만나면서
다시 살아났지요

* 마을기업 '글과나무' 에서
우드버닝 작품을 전시하며

다시 일어서서

내가 가는 길이
태산보다 높고 멀어도
당신께 가는 길을
나는 조건 없이 따라갑니다

내가 만약 지치고
아무리 멀고 힘들어도
아니 가다 말고 쓰러져도
다시 일어서서 따라갑니다

좋아하는 산

눈앞에 항시 보이는
높은 산과 낮은 산
멀고도 가까운 산들

잎 피고 꽃 피다 시들며
사계절 언제나 변하지만
모든 이들이 좋아하는 산

든든합니다

정말 이상합니다
내가 내 마음 알 수 있으니

그리고 다행입니다
밤에는 잠을 잘 수 있으니

이제는 안심입니다
두 아들이 제 곁에서 잘사니

앞으로도 든든합니다
우리 손자 잘생기고 똑똑하니

당신은

눈 뜨자마자 제일 먼저
생각나는 모습이 있다

현실에서나 꿈속에서나
천상에서부터 인연 되어

어떠한 생각할 때마다
그댄 내 가슴을 차지하네

제 4 부

새로운 생명의 빛

겸손 성실 사랑

구름 위에 피는 꽃을 그리고
사랑이 모이는 연못을 가꾸며
시공 속의 빛 찾는 우리들 모습
이번에도 세상 밖에 발산하지요

서해에 핀 꽃

기도하는 소녀처럼
맑은 연못가의 수초

끊임없는 정성으로
시상의 나래 펴가며

보람의 빛과 꽃으로
진실하게 승화한 날

축복과 갈채 받으며
웃고 있는 시인이여!

모든 이들의 가슴에
시 향기로 번져 갑니다

새로운 생명의 빛

구름은 언제나 비를 만들듯
새로운 자신의 빛 발산합니다

자신만이 이상으로 살아오던
사랑이 고이는 연못을 가꿉니다

각자가 지닌 새로운 생명의 빛
세상 밖에서 환영받을 것입니다

긴 터널

좋았던 추억 생각하며
마음 달래던 깊은 밤에

답답한 공상이 스며들어
가슴이 더욱 답답해지니

이 밤의 시련과 고뇌들도
내가 넘고 가야 할 긴 터널

고민 중

비 오는 산 밑에
날개 젖은 새처럼

이 세상도 무심타
가슴에 불 사르며

이불 속에 머리 박고
나갈까 말까 고민 중

천지가 태동

간밤의 길몽처럼
기대되던 아침에
들뜬 마음 가다듬고
허공을 날으는 순간

비 온 밤에 달 뜨니
별들이 반짝반짝
지상에 폭죽 터지며
천지가 태동합니다

옥구슬

눈 뜨자마자
그대 모습들이
스며오는 옥구슬

시와 때도 없이
금방 왔다가
사라질 때도 있지만

내 가슴에 자란
그대의 사랑으로
행복이 가득한 하루

동문동도(同文同道)

글을 쓴다는 것은
자신의 마음을 전달
의식을 일궈 내는 진리

작가님들의 이상은
소재만 서로 다를 뿐
모두가 동의동색(同意同色)

미로 속에 갇혀 있던
잠재의식이 튀어나온
아름답고 미묘한 심상(心象)

신비 가득 에워싼
영혼들이 서로 교감하는
미학에의 동문동도(同文同道)

은반 위로 출현한
수십 개의 눈부신 주옥들
이번 호에 성심껏 모셨습니다

한내로 모이면서

행복을 꿈꾸는 소녀가 있고
삶을 포기한 아저씨가 있듯이
사랑이 열리는 영혼들도 있습니다

인생의 진정한 목표와 의미는
숲이 어우러진 신선한 계곡에서
맑은 샘물을 흘려보내는 일입니다

마시고 마셔도 마르지 않는
그러한 님들은 한내로 모이면서
새로운 인생 가치를 보여 줬습니다

새로운 생명의 빛

선비의 근본은 어쩔 수 없이
세상을 위한 촉촉한 메시지로
새로운 생명의 빛 생산합니다

아이들이 좋아하는 백일장과
어른들과 함께하는 문학 이야기
나름대로 색을 내는 보석이지요

구름 위에 피는 꽃을 그리고
사랑이 모이는 연못을 가꾸며
시공 속의 빛 찾는 우리들 모습
이번에도 세상 밖에 발산하지요

중요한 것은 이제부터

그렇다
중요한 것은 이제부터

중단할 수 없는 의지와
문학에의 정신으로 왔기에

더 큰 울림의 상징으로
더 큰 세계를 만들어 갈 것

숭고한 마음을 담은
지고지순한 지성들이 어우러져

메시지와 이미지를 담아 낸
찬란한 빛을 더욱 더 발휘할 것이다

문학 이야기 · 1

언제부턴가 우리들은
스스로 부르기 시작한
자신만의 노래가 있었습니다

타고난 선비정신으로
옷깃 여미면서 외치던
새로운 메시지도 있었습니다

더 깊은 강을 건너며
더 넓은 황야를 달리면서
하늘로 고함치는 소리랍니다

살아서 움직이는 듯한
섬광과도 같은 그 소리
우주의 심장을 멈추게 하는
엄청난 우렛소리를 담았습니다

– 『한내문학』 제28호를 펴내며

행복한 사람

좋은 작품을 읽고 쓰면서
더 좋은 세상을 넘나드는
우리들은 정말로 행복한 사람

그러면서 우리의 작품들이
모든 독자에게 더욱 가까이
서정과 사랑을 전달하는 사람

〈한내〉라는 터전으로부터
자신의 뜻을 맘껏 펼쳐 내며
참다운 행복을 선물하는 사람

－『한내문학』 제29호를 펴내며

문학 이야기 · 2

언제부턴가 우리들은
스스로 부르기 시작한
자신만의 노래가 있었습니다

푸른 강물을 건너고
빛나는 초원을 달리면서
하늘로 고함치는 소리랍니다

섬광과도 같은 그 소리
우주의 심장을 멈추게 하는
엄청난 우렛소리를 담았습니다

– 『한내문학』 제30호 권두시

문사들의 영혼

우리는 생각과 환경도 다르지만
각자가 지닌 문예사상을 생산하니

각처에서 우리의 목소리 하나 되어
모두의 가슴속에 남아 있을 것이며

더 곱게 피워 내니 예뻐지는 꽃송이
숭고한 인생사를 담은 문학 이야기

얘기만 들어도 뿌듯한 사랑의 노래
뜻있는 영혼들을 정성껏 모셨습니다

–『한내문학』 제31호 권두시

순수한 문학정신

우리는 후손들에게 물려줄
글문[文門]을 열어 가는 영혼들

굽이굽이 천하를 살펴보며
문맥(文脈)을 짚어 내는 선비들

그리하여 이번에도 우리는
순수한 문학에의 뜻을 두고
자기 소신껏 한내문학에 출현합니다

– 『한내문학』 제32호 권두시

문학 이야기 · 3

우리들은 언제나 눈만 뜨면
일하다 놀다 만났다 헤어지는
새로운 사연들이 엄청납니다

생각과 느낌은 각각이지만
글이라는 무대 위의 춤사위는
역사에 길이 남을 유산입니다

새소리 바람 소리 꽃피는 소리
저마다의 금빛 은빛 그 영상의 빛
하나 둘씩 한내문학에 심었습니다

–『한내문학』 제35호 권두시

새로운 작품

이번에도 우리들은
서로 서로의 손을 잡고
새로운 작품을 담았습니다

자신들이 느껴 오던
다채로운 감각과 정서를
소신껏 그려 낸 명작들입니다

-『한내문학』 제36호 권두시

세상은 변해도

아침은 항시 밝아 오지만
계절 따라 또 다른 빛이
골고루 세상을 밝혀 줍니다

그때그때 느낌이 다르지만
문인 모두 깊이 생각하면서
우리들의 유산을 남겨 줍니다

우리 인생 얘기를 노래하며
이번에도 한내문학 제37호를
세상 밖으로 탄생시켜 냅니다

–『한내문학』 제37호 권두시

빛나는 옥고

우리들은 언제나 같은 마음으로
한곳에 머물지 않고 앞을 향하여
드넓은 세상을 보고 포용하면서
값지고 빛나는 옥고를 담아 뒀지요

자신의 느낌은 작자가 다르지만
타고난 재능을 소신껏 발휘하여
세상 어느 곳에서도 볼 수 없는
우리들의 '제38호' 에 출현했지요

-『한내문학』 제38호 권두시

훌륭한 작가들

자고 나면 동산에 햇살 비추고
해 지면 밤하늘에 별빛이 가득

천지 사방에는 밤과 낮 없이
언제나 대자연의 순리에 따라

우리들도 당연히 우주를 향해
훌륭한 작가들이 노래한 서적

– 『한내문학』 제39호 권두시

문인들의 자랑

오랜 역사를 가진 한내문학
제40호를 출간하는데 있어서

세상 어디에서도 볼 수 없는
각처의 좋은 옥고와 등단시가

이번도 꾸준하게 출현하니
우리 문인들의 자랑입니다

– 『한내문학』 제40호 권두시

제 5 부

올라가는 길

추억의 그리움들
가슴속으로 싹 틔우며
오늘도 외길이지만
혼자 묵묵히 올라가는 길

성주사지 · 1

백제 오합사였던 성주사여
신라 불교 꽃피운 성주사여
조선 속에 사라진 성주사여
현재 공터로 남은 성주사여!

한국불교 성주산문을 일으킨
거룩한 무염국사의 부도비와
묵묵히 현상계를 지켜 보는
초라하고 안타까운 삼층석탑!

모든 것을 알고도 말이 없는
모진 세파에 변해 가는 미륵불
보광탑비 속의 최치원 문장이
역사 기록을 전파하고 있음이여!

* 성주사지 : 옛날 신라 시대에 창설했는데 국란으로
모두 없어지고 현재 흔적만 있음

성주사지 · 2

천년의 신비 문명 속에 묻혀
이직도 볼 수 없는 성주사여
보령의 애환과 염원을 안고
미래를 바라보는 성주사여!

유유히 흐르는 자연과 함께
산과 바람 천기를 일으키어
가부좌 틀고 한내 바라보며
새로운 불심으로 일어나소서!

찌든 번뇌 업장도 벗겨 내고
구제 중생 삼천세계를 찾아
거룩한 본래 모습 성주사지
장엄한 염불 소리 울리옵소서!

현판을 걸며

-(사) 한내文學 현판식에서

왜 이리 좋을까?
갈고 다듬어서 만든
우리의 현판 걸고 나니

왜 이리 뿌듯할까?
우리 님들이 갈망하던
문학의 꿈 밭을 일궈 놓니!

왜 이리 눈물 날까?
서로 좋아서 선택한 길
우리 이제부터라 생각하니!

위대한 행진

현세의 지성들이 한뜻으로
모두에게 가까이 다가서는
잔잔한 울림소리를 내었습니다

가장 아름다운 저 시공에서
넉넉한 서정의 큰 북소리로
자랑스런 시 꽃을 피웠습니다

하늘과 땅 문을 열고 출현한
다정하고 진실한 우리 문인들
위대한 행진은 계속될 것입니다

–『성주산 울림』 권두시

꺼지지 않는 불꽃

작년에 이어 이번이 두 번째
글이 좋아 읽고 쓰는 동인들
각자 담고 있는 시상의 에너지

길고도 짧은 시인들의 노래
서글프고 아름다운 시상들이
뿌듯하게 울리는 기쁜 사연들

문학과 인연 된 많은 독자들
새로운 느낌과 서정을 담은 시
시를 쓰는 동인들이 함께 일궜네

책을 펴고 글을 읽는 즐거움
시인과 독자가 상봉하는 길
이 얼마나 보람 있고 벅찬 기쁨인가

우리는 그러한 목표를 향한
우리의 순수 동인 시집 『성주산 울림』은
꺼지지 않는 불꽃으로 승화시킬 것이다

–『성주산 울림』 제2호 권두시

열두 시성(十二詩性)

문학으로 인연 된 시인들이
『성주산 울림』을 펼쳐 내면서
세 번째 하늘 문도 열었습니다

전국 각처의 유능한 시인들
저마다의 독특한 옷을 입고
신바람 일으키며 춤을 춥니다

자연이 준 천지 공간에서
한바탕 황금 가락이 펼쳐지는
열두(十二) 시성들의 축복입니다

－『성주산 울림』 제3호 권두시

신비스러움

우리와 함께하는 한내천과
신비스러움을 간직한 성주산

기발한 재능과 천성을 담은
아름다운 시인들이 출현하여

세상 어디에도 볼 수 없는
13시인 영혼의 외침 소리

남극서 북극까지 파동치는
네 번째 탄생이 출현합니다

–『성주산 울림』 제4호 권두시

위대한 행진

세기의 문사들이 한맘으로
모두에게 가까이 다가서는
자신의 서정을 담았습니다

가장 아름다운 이 공간에서
자랑스러운 시인들의 정성이
진귀한 보물을 만들었습니다

오색 빛깔 투명한 시인들이
하늘과 땅 문을 열어 나가며
위대한 행진으로 계속됩니다

– 『성주산 울림』 제5호 권두시

시성들의 탄생

이 세상에 가장 위대하고
이 세상에 가장 재능 있는

타고난 시상과 열정을 담은
성주산 울림을 축하합니다

서로서로 떠받들고 일어나
찬란하게 빛나도록 갈고 닦아

우주 공간을 넘나드는 영혼들
시성들의 탄생을 축하합니다

– 2017년 8월 26일 『성주산 울림』 엮고 나서

축복받는 영혼들

우리 한내문학의 시성들은
신선하고도 위대하고 정겨운
성주산 울림 소리를 들어오면서

이번에도 선두자의 뜻에 따라
자신들마다 타고난 재능으로
특유한 시상을 맘껏 펼쳐 냈는데

그 울림소리를 들은 사람들은
자신이 갈망하던 시인이 되는
이 땅에 축복받는 영혼들입니다

–『성주산 울림』 제8호 권두시

빛나는 시화

사람마다 타고난 문학성이
〈한내〉에 한뜻으로 모이면서

시인들마다 느낀 시상으로
빛나는 시화를 담았습니다

누군가는 아침의 햇빛과
또 누군가는 꽃 피는 모습

그리고 대자연의 풍경들을
제15회 시화전에 열었습니다

– 『한내문학』 제15회 시화전 하며

다 각각

마음이 더 심란한 오늘
산도 가고 길도 걸으며
바깥세상 구경하는데

꽃을 쓰다듬는 사람과
꽃을 꺾어 가는 사람들
성품은 모두가 다 각각

빙하시대

고뇌도 털어 내면서
이성 찾는 내 마음이

술잔 위를 맴돌다가
제풀에 꺾이는 순간

피할 수 없는 환상들
빙하시대가 몰려오네

올라가는 길

지금까지 그래왔듯
두 길 아닌 한 길만
아무리 힘들어도
누군가 믿고 올라가는 길

추억의 그리움들
가슴속으로 싹 틔우며
오늘도 외길이지만
혼자 묵묵히 올라가는 길

쓸쓸한 바위

몸은 떨어져 있어도
우린 정든 친구처럼
다정한 시간 보냈는데

그대는 집에 있겠지만
나는 산 가에 서성이니
자신이 정말 원망스러워

그대를 볼 수 없는 요즘
나도 나를 볼 수가 없으니
이제는 쓸쓸한 바위입니다

희망찬 『한내문학』

천지사방에는 밤과 낮이 없이
언제나 대자연의 순리에 따라

눈 뜨면 문 앞에 햇살이 가득
해 지면 밤하늘에 별빛이 가득

우리 문학인 모두 전국을 향해
희망찬 글을 써 나가는 『한내문학』

주옥같은 보석들

– 한국중부발전(주)에서 시화전

화창한 가을을 맞이할 때마다
회원들의 주옥같은 시화를 제작
곳곳에 전시를 거듭하고 있는데

중요한 건 독자 마음을 사로잡는
소신껏 창작한 주옥같은 보석들
우리 시화를 보며 고개를 끄덕끄덕~

새해를 맞아
– 보령시민신문사 신년 축시

아쉽게도 지난해는 저물어 갔지만
태양은 여전히 동방에서 밝아 옵니다

살다 보면 즐겁고도 힘들었던 일
보람 있고 기쁜 일들도 많았지만

이젠 눈부시게 밝아온 새해를 맞아
새로운 희망와 신념으로 시작합시다

횃불 밝혀 주소서
– 보령시민신문사 신년 축시

하루해가 지고 나면 별이 반짝이고
한 해가 지나면 또 새해가 밝아오듯
온 세계 어느 곳에도 하나 빠짐없이
지난해를 보내고 새해를 맞았습니다

우리도 일상에는 희로애락이 있었고
시간과 공간 그리고 이 현실 앞에서
패배와 성취감이 서로가 공존해 가니
하늘과 땅을 열며 새롭게 일어납시다

모두가 함께 맞이하는 경자년에는
가정과 직장과 자신들 사업들마다
하는 일마다 걸림 없이 잘 풀려가는
가정마다 소원성취 횃불 밝혀 주소서!

이 땅에 등불

– 보령시민신문사 경축시

새벽부터 밤까지 이어지는
끝없이 일어나는 새로운 이야기

춥고 더운 곳 가리지 않고
현실의 진실과 실체 밝히고자

오로지 만인을 위한 눈과 귀
언제나 바람 앞에 맞서는 사람들

빠른 메시지와 새로운 창조로
이 시대에 등불 밝히는 언론사여!

시민 모두의 축복
– 보령시민신문사 창간 제23주년을 맞으며

우리가 살아가는 이 세상
밝고 어둡고 무덥고 차갑지만
그 실체를 밝히는 일꾼들이여!

모든 사람들의 등불이 되어
정의롭고 떳떳한 마음으로
세상을 안고 가는 언론사여!

어느덧 창간 제23주년을 맞는
자랑스러운 보령시민 신문사여
우리 시민 모두의 축복입니다

최양희 제3시집

내가 가는 길

초판 인쇄 2023년 1월 26일
초판 발행 2023년 1월 31일

지은이 | 최양희
펴낸이 | 김효열
편 집 | 이미정

펴낸곳 | **을지출판공사**

등록번호 | 1985년 2월 14일 제2-741호
주 소 | 서울시 마포구 양화진길 41, 603호
우편번호 | 04083
대표전화 | 02) 334-4050
팩시밀리 | 02) 334-4010
전자우편 | ejp4050@hanmail.net

값 15,000원

ISBN 978-89-7566-226-3 03810

* 이 책은 한국예술인복지재단 창작지원금으로 제작하였습니다.